A. TOURATIER

INSTITUTEUR

CHEVALIER DU MÉRITE AGRICOLE

LAURÉAT DE LA LIGUE FRANÇAISE DE L'ENSEIGNEMENT

Membre du Bureau de la Société des Etudes locales de l'Indre

C'est bien joli par ici, c'est bien clair, on voit loin —
Voir loin, c'est la rêverie du paysan, c'est aussi celle du poète.

GEORGE SAND, *La Vallée Noire*, p. 60.

Les Communes qui se laissent dépouiller de leurs trésors historiques tuent la poule aux œufs d'or.

URBAIN GOHIER, *Le Journal*, 27 nov. 1912.

LE TUMULUS

ou

MOTTE DE PRESLES

LA CHATRE

Imprimerie L. Montu

—

1913

Cliché Touratier

LA MOTTE DE PRESLES, COMMUNE DE MERS-SUR-INDRE

Le Tumulus ou Motte de Presles

> « C'est bien joli par ici, c'est bien clair, on voit
> « loin.
> « Voir loin, c'est la rêverie du paysan, c'est
> « aussi celle du poète. »

George SAND. *La Vallée-Noire*, p. 60.

> « Le tourisme fait circuler beaucoup d'argent
> « dans les campagnes de France ; les touristes
> « ne parcourent pas des centaines de kilomètres
> « pour contempler des champs de pommes de
> « terre ou des mairies du XXe siècle, mais pour
> « admirer les vestiges d'un passé riche et glo-
> « rieux. Les communes qui se laissent dépouiller
> « de leurs trésors historiques tuent la poule aux
> « œufs d'or. »

Urbain GOHIER

Le Journal, 27 Novembre 1912.

Nous voici tout en haut du Patureau de Presles. (1)

---

(1) Voir notre étude sur la Mare au Diable. p. 16.
L. Montu, éditeur, La Châtre, 1912.

Devant nous, la Vallée-Noire, (1) cirque immense de forme oblongue qui nous prend, nous tient et nous garde sous le charme par l'harmonie de ses plans inégaux et ondulés se succédant à l'infini parmi les fertiles prairies et le fromental généreux.

Au premier plan, quelques ormeaux, tortueux, noueux et mutilés, derrière lesquels se profilent les peupliers et les aunes qui bordent le lit de l'Indre. Un peu plus loin, sur les pentes qui succèdent à la prairie, à flanc de côteau s'alignent, se montrent et disparaissent, les grisailles des vieilles toitures, le bleu pâle des nouvelles constructions, quelques taches rouges de

---

(1) George Sand qui fut marraine de la Vallée-Noire, et marraine enthousiaste, en dehors de l'opuscule consacré spécialement à cette contrée en a laissé une description si précise, (Le Meunier d'Angibault p. 31, Michel Lévy, 1865.) que nous ne pouvons résister au plaisir de la citer en entier.

« Aux lisières de ce plateau stérile, madame de Blan-
« chemont avait admiré l'immense et admirable paysage
« qui se déroulait sous ses pieds pour se relever jusqu'aux
« cieux, en plusieurs zones d'horizons boisés d'un violet
« pâle, coupé de bandes d'or par les rayons du cou-
« chant. Il n'est guère de plus beaux sites en France. La
« végétation, vue en détail, n'y est pas d'une grande
« vigueur. Aucun grand fleuve ne sillonne ces campagnes
« où le soleil ne se mire dans aucun toit d'ardoise. Point de
« montagnes pittoresques, rien de frappant, ni d'extraor-
« dinaire dans cette nature paisible ; mais un dévelop-
« pement grandiose de terres cultivées, un morcellement
« infini de champs, de prairies, de taillis et de larges
« chemins communaux offrant la variété de formes et de
« nuances, dans une harmonie générale de verdure som-
« bre tirant sur le bleu ; un pêle-mêle de clôtures plan-
« tureuses, de chaumines cachées sous les vergers,
« de rideaux de peupliers, de pacages touffus dans les
« profondeurs ; des champs plus pâles et des haies
« plus claires sur les plateaux faisant ressortir les masses
« voisines; enfin un accord et un ensemble remarquables
« sur une étendue de cinquante lieues carrées, que du
« haut des chaumières de Labreuil et de Corlay on
« embrasse d'un seul regard. »

— 5 —

tuiles neuves, un modeste clocher à la flèche élancée. C'est le bourg de Mers-sur-Indre, tout en longueur, du Magnoux aux dernières maisons de la Cacoterie.

Au-dessus s'étagent les villages du Mez et de Thézée perdus dans le feuillage sombre des arbres trapus de leurs vergers.

Derrière, indéfiniment, des masses de verdure aux teintes dégradées, immense forêt apparente formée par les têteaux des clôtures ; quelques taches d'un vert plus clair constituées par les pâtures ; et dans les lointains vagues et bleus, s'estompant doucement dans cet après-midi d'été à caractère d'automne, nous devinons les premières ondulations du Massif Central, au dessus des hauteurs d'Aigurande.

A droite, par le défilé du Magnet, la trouée de Fourche, notre regard se porte jusque vers la Brenne ; et à gauche, émergeant des flots pressés d'une végétation luxuriante, au milieu de l'éperon qui s'avance entre les Vallées de l'Indre et de la Vauvre, le "gros vieux clocher de Montipouret" dresse sa haute tour carrée à la flèche quadrangulaire, puis octogonale, beaucoup trop tassée.

Plus à gauche se serrent les maisons de la Chaussi sur lesquelles se découpe, au loin, le clocher de Vicq dont l'église renferme des peintures murales si intéressantes et d'un caractère artistique si nettement défini. (1).

Par cette soirée, voilée d'un peu de brume, nous distinguons même le clocher de La Châtre au-delà de Nohant où dort son dernier sommeil, sous les " grands ifs d'un petit cimetière " George Sand, le chantre de la Vallée Noire.

Le vent vient de tomber, le ciel s'éclaircit, de vagues nuages projettent leurs silhouettes aux contours imprécis sur le fond de l'horizon. Une

____

(1) Monuments historiques de l'Indre. E. Hubert. p. 25. *Echo de l'Indre* du 9 août 1912.

étroite bande bleue limite notre vue et déborde comme une nappe légère, discrètement bleutée, immobile et diaphane sur la masse sombre des premiers plans.

Un calme profond règne sur toute chose. Le murmure de l'Indre se laisse deviner plutôt qu'il ne s'entend, et si ce n'était le ronronnement du train de cinq heures filant sa longue traînée de fumée blanche et floconneuse au ras de la vallée, nous nous croirions dans un pays mort, figé dans un silence solennel, mystérieux et d'une tristesse infinie.

Impression première, apparence trompeuse, tôt dissipées, heureusement ; car de même que la vigoureuse végétation des bouchures et des traînes nous donne l'illusion d'une forêt aux colossales proportions, la Vallée-Noire qui nous semble déserte au premier abord, est cependant très peuplée.

George Sand, son chantre prestigieux, en avait déjà fait la juste remarque et nous nous remémorons en face de ce silence impressionnant le passage ci-après :

« La chaumière est tapie sous le buisson,
« la métairie est voilée derrière ses grands noyers.
« Le pays semble désert... Mais ce pays de
« silence et d'immobilité est très peuplé ; dans
« chaque chemin de traverse, le petit troupeau
« du ménageot est pendu aux ronces de la
« haie et dans chaque haie vous trouverez,
« caché comme un nid de grives, un groupe d'en-
« fants qui jouent gravement ensemble, sans
« trop se soucier de la chèvre qui pèle les arbres
« et des oies qui se glissent dans le blé. » (1)
George Sand, Jean Ziska. La Vallée-Noire p. 62.

---

(1) Ces lignes, datées de 1853, n'ont pas vieilli. En redescendant à Mers nous avons rencontré le petit troupeau, les ânes, les chèvres, les oies, les enfants. Les arbres nouvellement plantés sur l'avenue de Presle portent les marques, et de la dent des animaux, et de l'insouciance de leurs gardiens.

C'est jour d'ouverture, de temps en temps un lointain coup de fusil. Près de nous des perdrix grises rappellent. Un piqueur du Magnet '' Equipage Boischaut crie haut '' s'exerce pour de nouvelles et prochaines chasses jetant aux échos du bois de Chanteloube ses joyeuses fanfares qui nous arrivent empreintes, malgré tout, d'un brin de mélancolie.

Et presque à nos pieds, Presles, terrain de mystère, avec sa Motte, son ancienne chapelle, son moulin banal, son four banal, ses vestiges de fossés entourant le repaire des anciens seigneurs, le siège d'un marquisat où se tenaient des audiences de huit jours en huit jours, des foires, des marchés, des assemblées, où se dressaient sinistres, deux piliers de fourches patibulaires pour la punition exemplaire des malfaiteurs... ou autres.

Mystère en effet que l'origine de cette Motte appelée aussi Tumulus.

Elevée de main d'homme, recouvre-t elle comme au pays d'Armor, comme, notamment, les tumuli du Mont Saint-Michel, de Kercado, du Moustoir à Carnac, de Mané-Lud à Locmariaquer, un ou plusieurs dolmens ! (1).

---

(1) D'après les fouilles relatées au Bulletin de la Société Polymatique du Morbihan années 1862. 1863, 1864, M. Zacharie Le Rouzic conservateur du Musée, J. Miln, à Carnac, conclut :

« La destination des tumulus était bien prouvée ;
« c'étaient des tombeaux. Les fouilles faites, ont confirmé
« ces faits, et en outre, ont prouvé que les dolmens et
« les allées couvertes n'étaient que les cryptes de tumulus
« détruits ».

(Les monuments mégalithiques de Carnac et de Locmariaquer p 25.)

« Les dolmens et allées couvertes ont été tous primi-
« tivement recouverts de tumulus ou de galgals. Le
« temps et le besoin du cultivateur d'avoir de la terre
« pour répandre dans ses champs, sont la cause de leur
« mise à nu. »

Même ouvrage, p. 15.

N'est-elle, tout simplement, comme l'affirme de La Tramblais, qu'une motte féodale ?

Située près de l'Indre, à proximité d'un gué donnant accès dans les prés de la Planche et du Grand Chambon, commune de Mers-sur-Indre et non loin d'un autre gué qui relie les deux tronçons du chemin de la prairie de l'Aunais, passant devant l'emplacement occupé par l'ancienne chapelle St-Jean, la Motte de Presles ou Tumulus a la forme d'un cône assez régulier de cent soixante dix mètres de circonférence à la base et de vingt-six mètres d'apothème ou génératrice.

Les pentes en sont gazonnées de graminées, de composées, de légumineuses, de labiées, d'ombellifères, de mousses et de lichens dont le réseau ténu des racines consolide les terres.

Elle eut été indestructible sans les emprunts de sable que lui font les tuiliers pour leur fabrication de tuiles et de briques et les maçons pour leurs constructions.

Près d'un tiers de la masse a été ainsi enlevé côté nord-est.

Le gazon poussant spontanément et rapidement, il serait encore temps de sauvegarder le reste en rappelant aux intéressés que le Tumulus, la " Moutte " comme ils disent n'est pas une carrière de sable et qu'on doit s'interdire de l'exploiter comme telle.

Cette exploitation au titre de carrière, a été tolérée puis réglementée par le conseil municipal comme en fait foi la délibération que nous copions littéralement sur les registres de la commune.

« L'an mil huit cent cinquante huit, le trois « juin, le conseil municipal de la commune de « Mers s'est réuni au lieu ordinaire de ses séan- « ces, sous la présidence de M. l'adjoint (1) faisant

_____

(1) Le registre de délibérations est signé : Bonmin adjoint, M. Barbadault, ayant donné sa démission.

« fonction du maire. Etaient présents MM. Dora-
« doux Jacques, Dumy Jean, Guillot François,
« Catinat François, Saboureau Etienne et Boué
« Jean. M. l'adjoint ouvre la séance et expose
« au conseil municipal que depuis 5 ou 6 ans, (1)
« on prend sur la Motte de Presles du sable en
« grande cantitée et ce serait urgent de faire payer
« aux personnes qui en prendront 15 centimes
« par voiture, et que M. le sous-préfet veuille bien
« nous oloriser à faire payer les 15 centimes
« afin de faire un revenu à la commune de Mers,
« le conseil a été d'avis à l'unanimité qu'il est
« juste de tirer partie dudit sable attendu que la
« commune en a besoin. Fait et délibéré à la
« Mairie de Mers, les jour mois et an que dessus,
« et ont les membres présents signé, sof Catinat,
« Saboureau et Boué.

Grande a été notre surprise de trouver, en clas-
sant les archives de la mairie, la lettre ci-après.

« Châteauroux, le 7 Octobre 1858

« MONSIEUR LE SOUS-PRÉFET,

« J'ai l'honneur de vous informer que je viens
« d'approuver la délibération en date du 3 juin
« dernier par laquelle le conseil municipal de
« Mers a fixé à 15 centimes par voiture la taxe à
« payer pour extraction de sable sur les terrains
« communaux. (2

---

(1) Quelques années après l'acquisition du Magnet, à l'époque de la construction des murs du parc dont le mortier, mais
non les enduits, aurait été, d'après ce qu'on nous a rapporté,
fait avec du sable pris au Tumulus

A cette époque, d'après M. Germain Grazon, témoin ocu-
laire, le Tumulus était presque dans son entier et portait sur
son sommet trois guigniers gros " comme les marronniers de
la place ". Les arbres ont été déracinés par les travaux
d'extraction de sable.

(2) Le conseil demandait à percevoir la taxe exclusivement
sur le sable extrait de la Motte de Presle. L'approbation
préfectorale vise l'extraction de sable sur les terrains communaux. La Préfecture et la Sous-Préfecture ont-elles
ignoré qu'elles prêtaient la main à la destruction lente mais
méthodique du Tumulus ou Motte de Presles ?

« Je vous prie Monsieur le Sous-Préfet de vou-
« loir bien donner avis de cette approbation au
« Maire qui devra dresser chaque année un état
« des sommes dues, cet état sera rendu exécu-
« toire conformément à l'article 63 de la loi du
« 18 Juillet 1837, et il devra à cet effet être établi
« sur papier timbré, et se trouver conforme au
« modèle annexé à la circulaire préfectorale du
« 10 juillet 1844.

« Agréez, Monsieur le Sous-Préfet, l'assurance
« de ma considération très distinguée.

« Le préfet de l'Indre, signé Comte de ROUVILLE.

« Pour copie conforme, pour le Sous-Préfet de
« La Châtre en congé.

« Le Conseiller Général délégué, signé DELAVAU.

Une autre délibération en date du 3 novembre
1889 dit textuellement.

« Le conseil décide que désormais les gens qui
« prendront de la terre à la Motte de Presles
« devront payer 0 fr. 10 par mètre cube de terre
« enlevée. » (1)

Il nous est difficile d'attribuer à ce monument
une origine certaine et nous ne croyons pas que
des fouilles sérieuses aient été entreprises, sauf,
après 1870, par M. Damour Sous-Préfet de La
Châtre qui fit faire, par des cantonniers deux
tranchées se coupant en croix au sommet de la
Motte. Nous avons cherché et compulsé notamment les publications de la Revue du Berry, mais
nous n'avons trouvé aucune relation concernant
les recherches faites par M. Damour qui avait la

____

(1) Ont signé au registre : Lemerle, Limousin, Bazin, Dumy,
Doradoux et Bourdon, ce dernier maire ; Doradoux Jacques
et Doradoux Léonard étaient présents à la réunion. un seul
Doradoux a signé sans indication de prénom. Moulin Ursin
et Chabenat Etienne n'ont pas signé sans qu'il soit indiqué de
motifs à cette abstention
D'après certains renseignements, M. Bourdon aurait fait
prendre cette délibération pour établir le droit de propriété
de la commune, croyant parer à une revendication de M. Simons et ignorant sans nul doute la délibération approuvée
du 3 juin 1858.

réputation de travailler pour lui seul.

De Raynal écrit : Histoire du Berry T. 1. p. 22 et 23.

« En différents lieux, on retrouve encore les
« monuments de terres rapportées et de forme
« conique. tumuli ou tombelles qui paraissent
« être d'anciens tombeaux mais dont quelques
« uns peuvent appartenir à l'époque gallo-romai-
« ne. Deux beaux monticules de cette espèce se
« voient aux environs de Bourges : l'un connu
« sous le nom de Butte d'Archelé au-dessus de la
« ville. sur la gauche de la route de Montargis,
« l'autre dans les vignes du Château.

« Les communes de Vatan. Genouilly, Pierre-
« fitte-sur-Sauldre. Neuvy sur-Barangeon, Mou-
« lins, Pellevoisin, Saint-Michel-en-Brenne, Liniez,
« Sainte-Fauste. Ruffec, etc, ont encore des
« monuments semblables.

Adolphe Joanne. dans sa géographie de l'Indre,
Hachette. 1895. dit p. 26.

« Près de Mers, non loin du confluent de l'Indre
« et de la Vauvre. on remarque aussi une de ces
« tombelles, vastes amas de terre qui recouvraient
« sans doute les restes des vaillants guerriers
« ou des chefs de tribus. »

C'est grâce à l'autorité de ces lignes et un peu à
la légende ci-après recueillie près des habitants
de Mers-sur-Indre, que nous avons crû devoir,
dans nos cahiers de la France départementale
illustrée : (L'Indre) (1) attribuer la même origine
au Tumulus ou Motte de Presle.

Légende. — Quand le prêtre revient du cimetière, le jour des Rameaux et frappe trois coups,
avec la croix contre la porte de l'église, à l'instant
précis où cette porte s'ouvre, le Tumulus de
Presles s'ouvre aussi et laisse entrevoir un trésor
d'une richesse inouïe où l'or rutile et les diamants
scintillent.

---

(1) Auxenfants, éditeur, Bourges. 1911.

Il se referme en même temps que la porte de l'église.

On raconte qu'un homme du domaine de Presles tenté par ces richesses y descendit, emplit ses poches et s'y laissa surprendre.

En attendant qu'il fut délivré l'année suivante on lui apporta à manger.

Variante. — Il était une fois une femme bien malheureuse, on lui dit d'aller chercher de l'argent au Tumulus le jour des Rameaux. Elle y alla avec, sur les bras, son enfant tout petit. Elle attendit, et quand le Tumulus lui livra passage, jetant sur sa pauvreté l'éblouissement de richesses dont il lui semblait si facile de s'emparer, elle n'eut qu'un désir, en emporter le plus possible. Elle posa son enfant sur une table, se jeta avidement sur le trésor, emplit son tablier sans choisir, sortit le vider, voulut rentrer pour le remplir à nouveau..... Elle poussa un cri... Le Tumulus violé se referma. gardant l'enfant.

Elle vint chaque jour lui apporter à manger et ne manqua qu'un repas.

L'année suivante. elle retourna au Tumulus, et descendit dès qu'il se fut ouvert, chercher son enfant.

Il y avait sous la table un affreux chien noir. L'un des bras de l'enfant était mangé.

Ce vague, cette imprécision d'époque et de personnages, cette idée de trésor se livrant une fois l'an pendant de courts instants aux audacieux, nous les retrouvons dans le sud du département où l'on raconte qu'à Noël. pendant que tintent les douze coups de minuit, les dolmens s'ouvrent et offrent de merveilleux trésors. (1)

____

(1) On raconte également que le soir du Carnaval les chats de la commune vont au sabbat, soit à l'arpent. soit à l'arcade, petit pont sur la route de Thézé, sur le ruisseau de Boucaud. soit au Tumulus,— Le plus gros des matous se met au milieu du cercle formé par les chats et distribue les rats pris pour la circonstance pendant que des miaulements infernaux diversement modulés accompagnent cette scène satanique.

« Mentionnons en passant, dit à la page 155
« des Esquisses pittoresques de l'Indre, de la
« Villegille, un remarquable tumulus situé près
« de Mers, non loin du confluent de l'Indre et
« de la Vauvre.

Dans ses Esquisses et mélanges, p. 289, de la
Tramblais émet cette opinion. « Par suite d'une
« erreur qui s'est fort accréditée, des mottes ont
« été, après la ruine entière des châteaux, prises
« pour d'anciens tumulus, ainsi la Motte de Va-
« tan, la Motte de Presles, la Motte de Ruffec et
« bien d'autres...

Et plus loin.

« Le château de Presles était construit au bord
« de la prairie et la rivière de l'Indre en baignait
« les murs. Il n'en reste pour tous vestiges que des
« fragments de pierres et de tuiles mêlées au sol
« et qui indiquent l'emplacement qu'il occupait
« ainsi que l'ancienne chapelle dédiée à Saint-
« Jean ; des traces de fossés qui se voient dans
« les prés, entre la rivière et le chemin, en dessi-
« nent encore l'enceinte.

« Mais au milieu de ces débris, une motte
« féodale est restée debout, monticule énorme,
« élevé de main d'hommes et pris mal à propos
« pour un tumulus gallo-romain. Dans les pre-
« miers temps de la féodalité les mottes entraient
« fréquemment dans le système de construction
« des châteaux. On les surmontait de tours en
« bois et d'ouvrages de défense ; ou bien la
« tour principale, (le donjon) édifiée en pierres,
« était environnée et comme chaussée d'une motte
« qui en rendait les approches plus difficiles,
« comme on le voit encore à Sainte-Sévère, à
« Issoudun, à Chatillon-sur-Indre, etc. Aussi ce
« nom de la Motte est-il appliqué à une foule de
« localités, et des titres nombreux consacrent
« cette expression comme synonyme de châ-
« teau. »

La même opinion est émise par S. Clément au sujet des Mottes de Cluis, Revue du Berry, janvier 1899 p. 47.

« Quelques auteurs ont prétendu que l'origine
« des mottes remontait à la domination romaine,
« et que plusieurs châteaux du VIe, VIIe et VIIIe
« siècles en avaient été pourvus ; cette opinion
« est rejetée par M. de Caumont, qui croit qu'elles
« ne remontent pas audelà du Xe siècle. C'est en
« effet, vers cette époque que les nombreux sei-
« gneurs qui reçurent en fief tant de parcelles
« du domaine des comtes, sous l'obligation de les
« servir à la guerre, commencèrent chacun leur
« établissement dans la campagne, par la cons-
« truction d'une petite forteresse, ne fut-elle
« composée que d'une seule tour. Les Mottes de
« Cluis remontent donc à l'origine du régime
« féodal ; elles comprennent l'une et l'autre deux
« enceintes, celle de la cour basse ou préau, et
« l'enceinte qui renfermait la motte, surmontée
« de sa tour ou donjon.

« Dans la première enceinte qui servait de
« camp aux soldats, se plaçaient les vassaux du
« seigneur.. Le seigneur avec sa famille, et l'élite
« de ses chevaliers, se retirait sur la motte et
« dans le donjon.

Nous sommes donc en présence de deux opi-
nions bien distinctes quant à l'origine du Tumulus de Presles. Mais en tenant compte des différents faits ci-après nous ne serions pas éloigné de
les tenir comme vraies toutes deux.

En effet, les Romains ont laissé des traces de
leur passage à Presles et aux environs. Il nous a
été remis une pièce de monnaie romaine trouvée
dans les vignes des Gravelles par M. Fauchère
vigneron du Magnot. M. Alamamy nous en a remis
une autre qu'il a trouvée à Courtioux, à quelques
kilomètres de Presles.

M. Maurice Siguret a découvert, en travaillant

à creuser le canal qui amène les eaux de l'écluse de Presles à la pièce d'eau du Magnet et près du Tumulus, une pierre en forme de meule, incurvée, sorte de mortier, analogue à ceux dont se servaient les peuples primitifs pour écraser le blé. (1)

M. Gerbaud, colon à Presles a remis à M. Veillat instituteur au Lys-Saint-Georges, une hache mise à jour au sommet du Tumulus, il y a une trentaine d'années. Cette hache d'après M. Gerbaud était « très étroite du tranchant : environ trois doigts, avec une grosse tête et un œil rond. »

Les substructions de la chapelle Saint Jean sont certainement antérieures à l'édification du reste de la construction. Formées de moellons très petits noyés dans un ciment très dur, elles ont résisté aux pics des démolisseurs et paraissent être d'une époque plus ancienne que le moyen-âge.

De concert avec M. Hubert archiviste départemental, nous avons mis à jour récemment sur le sommet du Tumulus les traces d'un foyer, des morceaux de charbon,(2) des pierres et de l'argile calcinées, des os, du silex, des fragments de poterie, des tuiles, des briques etc..

Le nom de ville précédant celui de Presles, mentionné dans beaucoup de titres anciens, semble provenir, non d'une agglomération importante pouvant le justifier et dont on ne retrouve nulle trace, mais plutôt d'une villa gallo-romaine.

Non loin de la Motte, au-dessus du village du Magnoux se trouve un autre village dont le nom, Thézée, semble avoir une parenté latine. Notons que dans une commune du Loir-et-Cher, arrondissement de Blois, portant le même nom, se voient des ruines romaines.

---

(1) Cette pierre a été remise à M. Damour à l'époque où il faisait faire des fouilles au Tumulus.

(2) Ce charbon ne proviendrait-il pas d'un feu plus récent ? M. Moulin Jacques, petit fils de Piget dit Jambe fine, colon à Presles se rappelle avoir allumé le feu des " Brandons " au sommet de la Motte.

Nous trouvons dans le bois Rouilloux à droite de la ligne vers Châteauroux, un fossé circulaire qu'on appelle pompeusement un camp romain mais qui, vu sa petite surface, pourrait avoir été l'emplacement d'une tour romaine, faisant partie ou non d'ouvrages plus importants.

Entre ce point et Jeu-les-Bois, notamment vers Belle garde et Pied Magré, on distingue pendant la saison sèche une bande de terrain bien apparente où l'herbe se meurt, souterrain, disent les cultivateurs travaillant ces terres ; nous pensons plutôt à un tronçon de voie romaine.

Car plusieurs passaient à proximité. On trouve encore la chaussée de César près de Villemongin. (1)

Enfin la légende citée plus haut.

Sans avoir la prétention d'attribuer à ces arguments d'autre importance que celle de parcelles, de poussières de preuves, nous oserions presque conclure que la Motte peut avoir une origine gallo-romaine.

Il n'y aurait rien d'extraordinaire que, par la suite, cette Motte ait été utilisée comme tertre pour l'édification du donjon du château de Presles, dans le sens relaté par de la Tramblais. (2)

D'autant plus que l'endroit était bien choisi, abrité des vents du nord par un coteau boisé et permettant l'utilisation des eaux de l'Indre pour les fossés des fortifications.

Pour être complet signalons deux autres légendes relatives à l'origine du Tumulus.

(A) M. Gerbaud a « acouté » dire que « La Mout- « te aurait été édifiée avec de « la terre de la « Berthenoux apportée à la hotte par des

---

(1) Mentionnée dans l'aveu et dénombrement du 5 août 1757 p. 18.

(2) Nous avons un précédent dans l'Indre pour la Tour Blanche d'Issoudun. « Ce donjon d'une forme rare a été « construit sur un monticule « élevé de main d'hommes et « sur les ruines d'un temple chrétien. » E. Hubert, monuments historiques de l'Indre, Revue du Centre, mars, avril 1895, p. 70.

« ouvriers gagnant un denier par jour.

Et, pendant nos fouilles, entre deux coups de pioche, devant la grande quantité d'os qu'il mettait à découvert, il ajoutait cette réflexion de pince-sans-rire. « Ils ne gagnaient pas cher, mais ils étaient bien nourris ils mangeaient de la viande à tous leurs repas. »

(B) M. Chatelain bourrelier au bourg se rappelle que sa grand mère racontait au cours de longues veillées d'hiver, que la « Moutte de « Presles avait été élevée avec de la terre qu'une « vieille femme allait chercher dans son tablier « aux Buttes de l'Age, commune de Jeu-les-« Bois. » (1)

Nous ne savons si, à la Berthenoux et aux Buttes de l'Age, on trouve de la terre semblable à celle du Tumulus, mais, ce qu'il y a de certain, c'est qu'il ne s'en trouve pas d'identique aux environs immédiats de Presles.

Dans le remarquable travail de M. Hubert, le distingué archiviste de l'Indre : Inventaire sommaire des archives départementales antérieures à 1790, série A, apanage du Comte d'Artois, nous trouvons mentionné à la page 231, un aveu et dénombrement du 15 août 1457 par noble homme Louis Guérin, écuyer, seigneur de Presles, à Guy de Chauvigny, de son château et châtellenie de Presles, avec justice, la maison-dieu du dit Presles etc.. fief de Louise de Giac, dame de la Queilhe, à cause de l'hôtel et appartenance du Maignet : etc.

L'indication « son château et châtellenie de Presles, » celle de « hôtel et appartenance, du Maignet », le premier à Louis Guérin, le second à Louise de Giac, dame de La Queilhe, laisseraient entendre qu'à cette époque le château

<hr>

(1) Enfin une dernière version nous est fournie par les anciennes élèves de l'école congréganiste auxquelles les religieuses disaient : Le Paradis ayant été balayé, les '' Crasses '' déposées à Presles, formèrent le Tumulus.

de Presles n'était pas plus en ruines que celui du Magnet.

Tandis que, dans le même ouvrage, p. 229, une copie de l'aveu et denombrement, vers 1567, par messire Guillaume Pot, chevalier, prévost des deux ordres du Roi, premier écuyer tranchant de sa Majesté, seigneur de Rhoddes, Mennetous, Presles. Maignet et Montipouret, au nom de dame Jacqueline de La Châtre, sa femme, dame des dites seigneuries de Presles et du Maignet, à François de la Tour Landry, de la terre ; seigneurie et chatellenie de Presles consistant en droits, devoirs, prérogatives ou prééminences qui s'ensuivent, le chastel, maison et place forte dudit lieu de Presles étant à présent en ruines avec la motte dudit lieu environnée de fossez encore apparents, place, jardin et cour dudit chastel, avec le colombier et tout droit de justice haute, moyenne et basse, fourches patibulaires à deux piliers, pour la punition exemplaire des malfaiteurs, droit de créer bailli, etc. établit d'une façon précise qu'à cette époque, le château de Presles était en ruines depuis quelque temps déjà.

La démolition ou l'écroulement se sont donc produits entre 1457 et 1567.

Dans le recueil des circulaires, tableaux, instructions et documents divers, réunis par la commission des monuments historiques, édité à Châteauroux en 1844, par veuve Tesserenc Bayvet, nous trouvons cette mention aux pages 86 et 87.

MONUMENTS CIVILS ET DOMESTIQUES

Seconde Classe

« N° 26, Tumulus à Presles, canton « de Neuvy.
« Très remarquable, appartient à M. « le comte de Chabrillant. »

Très remarquable, c'est exact, mais notre curiosité, sans être trop exigeante, se déclare non satisfaite.

La mention du propriétaire est erronée, si nous nous en rapportons aux pièces cadastrales déposées à la mairie.

Les états de sections de la commune de Mers-sur-Indre, établis en 1832, antérieurement à l'édition de la brochure visée ci-dessus, en attribuent la propriété à la commune.

« Section B, nº 255, La Motte de Presles, pacage, 25 ares 20, quatrième classe, revenu 0 fr. 63.

Le folio 315 de la matrice des propriétés non bâties, ligne 20, porte ces mêmes indications.

Actuellement cette parcelle nº 255 n'est pas close et sert de pacage communal et comme nous le disons plus haut, de carrière de sable.

Ce qui a dû donner naissance à cette erreur, c'est que Morthon de Chabrillan était propriétaire à cette époque de 3 parcelles contiguës, les nºˢ 256, 257 et 258. Le champ de la Motte, en terre pacage et chénevière, et du nº 253, la Motte de Presles, chemin, 7 ares.

Or à l'examen du cadastre, ce dernier numéro est un chemin, assez large entre la Motte et la rivière, donnant accès à une planche (1) jetée sur l'Indre en face les prés de la Planche, et assez étroit entre la rivière et la parcelle 251, le cimetière, terre de 19 ares 50, au même propriétaire, pour de là rejoindre, près du gué, le chemin de la prairie de l'Aunais.

Cette parcelle 253 est passée en nature de chemin en 1853 à M. Suard Edouard, maître d'hôtel à Châteauroux, fº 339 et en 1854 a M. Simons Ernest Rigobert, administrateur des messageries nationales, en nature de chenevière, fº 374. Elle figure actuellement au nom de M. Simons

____

(1) Cette planche a été réédifiée à une centaine de mètres plus en amont, entre les parcelles 260 et 247.

Ernest, au château du Magnet, f° 324 avec la même nature.

Portée en chemin au moment de l'établissement des états de sections et de la vente Morthon de Chabrillan à Suard, nous ne croyons pas que cette parcelle ait été, par la suite, cultivée en chénevière; nous croyons plutôt à une erreur de celui qui a opéré la mutation et qui, par distraction a fait la transposition de chemin en chénevière.

Il y a trois ans, la municipalité y a fait procéder à des plantations de peupliers, faisant de ce fait, acte de propriétaire, acte qui semble plus justifié, vu la nature et l'usage de la parcelle, que la taxe d'extraction de matériaux composant la Motte, car nous ne nous expliquons pas, à moins d'un acte d'échange que nous n'avons pu retrouver, que cette motte, berceau de la famille de Presles, noyau de la terre du même nom, ait pu en être distraite au moment de l'établissement du cadastre.

Dans un aveu et dénombrement rendu le 5 août 1737 par Pierre Jean François de la Porte, chevalier, marquis de Presles, Mers, etc, conseiller du Roi... Maître des requêtes... intendant de Justice, Police et finances en Dauphiné, du Marquisat de Presles, relevant de sa majesté à cause de son duché de Châteauroux, le dit Marquisat de Presles, seigneuries et fiefs en dépendant, situé province de Berry, ès paroisses de Mers, Montipouret, Tranzault, Jeu-les-Bois, Saint-Martin d'Ardente, Saint-Vincent d'Ardente, Maron, Sassierges, Saint-Août, Saint-Chartier, Vic-sur-Saint-Chartier, Sarzay, Montgivray, La Châtre, Chassignole, Saint-Denis-de-Jouhet, Le Magny, Saint-Pierre et Saint-Etienne de Neuvy-Saint-Sépulcre, nous extrayons ce qui suit p. 7 et suivantes.

« Plus à cause de son château de Presles, ci-
« devant appelé Le Magnet, et de la Motte de Pres-

« les où était anciennement Le château et maison
« forte de Presles duquel château et Motte situés
« en la paroisse de Mers dépendent les choses
« ci-après.

« Premièrement, les droits honorifiques de
« ceinture et de litre en l'église paroissiale de Mers.

« Le droit de bannalité aux moulins de Presles
« et de Fourche situés sur la rivière d'Indre, et
« au moulin de la Rame situé sur la rivière de
« Vauvre, le dit moulin de la Rame actuellement
« appartenant à Etienne et François Doradoux ;
« à la charge de payer certaines redevances audit
« seigneur, qui seront ci-après circonscrites ; ledit
« droit de bannalité sur tous les habitants et jus-
« ticiables demeurant au-dedans des limites de
« l'ancienne justice de Presles, Mers et le Magnet.

« Le droit de rivière et pêche défensable dans
« toute l'étendue de ladite justice ancienne sur
« les rivières d'Indre et de Vauvre.

« Droit de tenir maladrerie et hôtel dieu dans
« l'ancienne ville de Presles.

« Droit de four bannal en ladite ancienne ville
« de Presles, auquel sont assujettis tous les
« habitants qui demeurent en icelle.

« Droit de paisson défensable dans les bois
« dépendant de ladite seigneurie de Presles, Mers
« et le Magnet.

« Le droit de garenne à bêtes fauves défen-
« sable.

« Droit de quatre foires chacun an à Presles ;
« la 1re le 11 mai, la seconde le 18 septembre, la
« troisième le 8 novembre et la 4e le 30 décembre.

« Droit de faire tenir marché public audit lieu
« de Presles, chaque vendredi de l'année.

« Droit de sauve-garde à tous ceux qui seront
« aux dites foires et marchés.

« Droit de donner toutes mesures pour les
« grains, vins et aunages dans l'étendue de la
« dite justice.

« Droit de donner les mesures de vin aux vil-
« lages de Monteil, Courtilet, Angibault en la jus-
« tice de La Châtre.

« Droit d'avenage aux villages de Bonnet, de
« Laage et Courtioux.

« Droit de faire porter la mesure de Presles aux
« villages de Bonnet et Ardente, pour mesurer
« les grains des terrages qui sont dûs à ladite
« seigneurie.

« Le droit de faire donner la bannée par les
« officiers pour la vendange des vignes qui sont
« situées au dedans de ladite justice, et répéter
« une amende contre les contrevenans.

« Le droit de prendre de chacun cabaretier
« vendant vin le jour de Saint-Marc à l'assemblée
« de la Chapelle de Chœurs, une pinte de vin ; de
« chaque mercier vendant mercerie à la dite
« assemblée dix deniers argent ; et de chaque
« personne vendant ouvrage, une pièce des dits
« ouvrages.

« Le jour de Saint-Jean-Baptiste, ledit seigneur
« a les mêmes droits à l'assemblée de la chapelle
« de Presles.

« Le droit de rouage à prendre sur tous les
« rouliers passant dans le bourg d'Ardente, à sa-
« voir par chacun dix deniers : ledit droit appelé
« le rouage « du Magnet.

« Le droit de vendre quarante muids de vin en
« détail, et le prévôt dudit seigneur dix muids,
« chacun an à commencer au jour de la Pentecôte,
« sans que pendant ce temps aucun habitant de
« Presle en puisse vendre en détail, sous peine
« d'amende arbitraire.

« Le droit de franche bourgoisie en la ville de
« Presle.

« Le droit de guet et garde sur plusieurs par-
« ticuliers qui seront dénommés au présent aveu.

« Le droit de franchise et abonnage et d'un
« chevreau sur plusieurs particuliers qui seront

« dénommés au présent aveu.

« Le droit de scel aux contrats dans ladite
« justice ancienne de Presles.

« Le droit de renvoi des justiciables qui seraient
« ajournés à Châteauroux.

« Le droit de tenir haras audit château de
« Presles ci-devant appelé Le Magnet, composé
« de six jumens et un étalon, et de faire pacager
« le dit étalon, les dites six jumens et leurs sui-
« tes dans toute l'étendue du Magnet et Rivière
« neuve, et dans tous les tems de l'année.

« S'ensuit la nommée des fiefs qui relèvent de
« ladite seigneurie de Presles.

« Le fief du Magnet, etc, (au total 22 fiefs.)

« Le droit de présentation et nomination à la
« cure de Sassierges et à la vicairie de Sainte-
« Catherine de Greuille fondée en ladite église de
« Sassierges, droits honorifiques de ceinture et
« de litre en ladite église.

« Plus différens droits de dixmes et terrages
« qui seront ci-après circonscrits.

« Le droit de justice, haute, moyenne et basse
« dans toute l'étendue de ladite paroisse, et réu-
« nie audit marquisat, et comprise dans le premier
« membre de circonscription de ladite justice du
« marquisat de Presles.

« S'ensuit la circonscription de tous les dixmes
« et terrages dépendant des dites seigneuries de
« Presles, etc.

Nous avons tenu à transcrire cette longue
énumération de droits seigneuriaux afin de donner une preuve que :

« Alors que le château de Presles n'existait
« plus déjà depuis longtemps, tous les droits de
« haute seigneurie étaient restés attachés à la
« motte du dit lieu. Ainsi cette motte était, après
« la ruine du château, demeurée comme le signe,
« la représentation de la juridiction féodale de
« l'ancienne seigneurie, et, sous ce rapport, elle

« constitue encore aujourd'hui, un monument
« archéologique d'une haute importance.

(De la Tramblais — Mélanges.)

Et tirer cette conclusion que :

La Féodalité, née pour répondre à une néces-
sité de protection, comportant des obligations
réciproques de la part du seigneur et des vilains,
établie dans un but parfaitement louable, avait,
par la suite, dévié de ce but et était devenue un
régime d'exploitation et d'oppression.

Les anciennes obligations du peuple — auxquelles s'en ajoutaient chaque jour de nouvelles —
subsistaient seules à une époque où la sécurité
relative des campagnes rendait les obligations du
seigneur de plus en plus illusoires.

Malheureusement ce monument archéologique,
malgré sa " haute importance " malgré l'épithète
de " très remarquable " que des fervents du passé
se plaisent avec raison à lui attribuer, s'en va
chaque jour sous le pic de gens ignorants mais
pratiques qui profitent de la faiblesse ou de l'insouciance de la municipalité pour prendre, sans
bourse délier et sans conduite onéreuse, le sable
dont ils ont besoin. (1)

La commission des monuments historiques, en
1844 avait établi un classement général des monuments historiques de l'Indre jugés dignes
d'être classés et conservés, et avait compris dans
ses tableaux le Tumulus de Presles.

Depuis cette époque, nous ne savons si ce monument est définitivement classé, 2 mais en revanche,
il nous est trop facile de constater que les dépré-
dations se sont continuées d'une manière régulière.

-----

(1) La délibération approuvée du 3 Juin 1853 est tombée en
désuétude et la taxe de 0 fr. 15 par voiture n'est plus perçue
depuis longtemps, celle de 0 fr. 10 votée en 1889 n'est plus
perçue non plus.

(2) Nous venons d'avoir entre les mains le dernier tableau
de classement des monuments historiques de l'Indre, la motte
de Presle n'y figure pas. p. 6. (Brochure communiquée par
M. Eug. Hubert).

De même qu'il nous est difficile d'établir l'origine certaine du Tumulus, il nous est impossible de retrouver les propriétaires de la terre de Presles avant 1176.

Nous savons qu'à cette époque elle appartenait à Evrard de Presles, que cette terre « était « l'une des plus considérables de la contrée et sa « juridiction l'une des plus étendues — Elle avait « le titre de chatellenie et relevait de la baronie « de Châteauroux — » (E. Hubert.)

« La maison de Presles possédait outre la terre « de ce nom les seigneuries de Moustier — Porret « (Montipouret) Ardentes, Saint-Aubin, Saint- « Amand et Bélâbre » (de la Tramblais).

Un autre propriétaire, Humbert de Praelles ou de Prahèles, souvent appelé de Prahas, de Praha, de Pra, vivait vers la fin du règne de Saint-Louis. Il fut l'éxécuteur testamentaire de Robert III seigneur de Bommiers en 1253. il confirma en 1266, comme seigneur de Saint-Amand les franchises accordées aux habitants de la ville neuve de Saint-Amand par Ebbes de Charenton et Renaud de Montfaucou. (De la Tramblais.)

La famille de Praelles parait s'être éteinte faute d'héritiers mâles au cours des XIIIe et XIVe siècles. Son patrimoine se divise entre les maisons de Naillac, Le Groing et Guérin.

Le Seigneurie de Presles échut à cette dernière famille l'une des plus anciennes du Berry et des plus riches possédant plus de trente terres aux environs de La Châtre, Châteauroux et Buzançais. Vers la fin du XIIe siècle, un de ses membres, Pierre Guérin figure parmi les chevaliers bannerets de la Province, établis par Philippe Auguste, (de la Tramblais.)

Elle appartenait en 1420 à Pierre Guérin. Son fils Louis Guérin fournit aveu et dénombrement le 15 août 1457, à Guy de Chauvigny, seigneur de Châteauroux.

Nous trouvons aux archives de l'Indre un dénombrement par Jean Guérin à la date du 14 décembre 1483.

Enfin en 1518, Pierre Guérin, arrière petit-fils de Louis Guérin vendit la seigneurie de Presles à François de la Queuille, fils de Charles de la Queuille, et de Louise de Giac, seigneur de la Queuille, de Châteaubrun, du Magnet de Montipouret, capitaine de cent hommes d'armes.

« Les deux chatellenies de Presles et Le Magnet
« séparées depuis plus de 250 ans sont de nou-
« veau réunies.

« Bien que le château du Magnet fut la rési-
« dence exclusive des possesseurs de cette vaste
« seigneurie, les droits et prérogatives qu'entraî-
« nait la haute justice demeurèrent attachés au
« château de Presles, ou, comme on disait, à la
« Motte de Presles. Mais les attributions n'étaient
« plus que nominales, et le château de Presles,
« abandonné déjà depuis longtemps et tombant
« en ruines, vit même son nom transporté pen-
« dant un certain laps de temps au château du
« Magnet. Le château de Presles, ci-devant le
« Magnet, disait-on au XVIIe siècle, en parlant
« de ce dernier.

(De la Tramblais Esq. et mél.)

Les terres du Magnet et de Presles passent successivement entre les mains des familles

de Genouillac, (1544).

Pot de Rhodes (1567.)

Gand de Mérode de Montmorency, prince d'Isenghien. (1713)

Jacques Auguste de Thou, abbé commandataire de Souillac. (1715)

de la Porte. (1719)

de Chabrillan. (1776)

Et Simons. 1851).

Pierre Jean François de la Porte avait fait

ériger en Marquisat les terres du Berry, en **1748**, sous le nom de Marquisat de Presles. (1)

Placée à l'une des extrémités de la Vallée Noire, et non la moins belle, à proximité de la Mare au Diable, du Moulin d'Angibault, de Corlay et de Nohant, des châteaux du Magnet, du Lys-Saint-Georges et de Sarzay, la Motte de Presles mérite de figurer sur le carnet du touriste qui veut visiter la Vallée Noire, « ce paradis terrestre « au sortir des tristes plateaux d'Ardentes et de « Saint-Août » (George Sand), car au point de vue touristique, la Vallée-Noire et le Marquisat de Presles ne se confondent-ils pas ? n'ont-ils pas la même étendue sinon le même territoire ;

---

(1)« Lettres patentes portant érection de Presles et du Magnet « en Marquisat de Presles en faveur de Pierre Jean François « de la Porte. 1748.

« Louis, par la Grâce de Dieu, Roy de France et de Na-« varre, à tous présents et à venir salut.

« Pierre Jean François de la Porte, notre conseiller en nos « conseils, maître des requestes ordinaire de notre Hôtel, « Intendant en notre province de Dauphiné, nous a fait « représenter qu'il est seigneur et propriétaire des terres, « seigneuries ès paroisses de Sarzay, de Saint-Denis-de-« Joubet, de Saint-Chartier, Vic-sur-Saint-Chartier, Mon-« tipouret, et Mers, communément appelé Presles et le « Magnet, et qu'avec ces différentes terres il a des droits de « dixmes et terrages, soit en qualité de co-seigneur avec « nous, soit en qualité de principal décimateur dans les « paroisses de Fougerolles, Chassignoles, Jeu-les-Bois, « Saint-Martin et Saint-Vincent d'Ardentes, Tranzault, Vouillon « et Sassierges, avec haute, moyenne et basse justice atta-« chée à chacune de ces terres, etc.

« Le dit sieur de la Porte ayant pleinement mérité, les « témoignages de notre estime et satisfaction par les services « qu'il nous a successivement rendus, etc.

« La quelle (réunion des terres) nous avons des mêmes « grace, pouvoir et autorité que dessus, créée, élevée, « créons, érigeons, et élevons en titre, nom, prééminence et « dignité de Marquisat sous la dénomination du Marquisat « de Presles, etc,

« Sy donnons en mandement, etc. ces présentes données « à Compiègne au mois de Juillet, l'an de grace mil sept « cent quarante huit, et de notre Règne le trente-troisième.

Signé : LOUIS.

Par le Roy, Signé : PHELYPEAUX.

(D'après l'extrait faisant partie des archives particulières de M. E. Simons.)

et si l'une s'étend davantage vers Châteaumeil-
lant, Sainte-Sévère et Aigurande, l'autre ne
déborde-t-il pas sur Jeu-les-Bois, Ardentes, Sassierges, Maron et Saint-Août ?

Et sauver de la destruction, si nous n'envisa-
geons que l'origine féodale de la Motte, le seul
objet tangible de la puissance seigneuriale du
Marquis de Presles, n'est-ce pas conserver un
monument intéressant et curieux de la Vallée
Noire ?

Enfin cette Motte, représentation matérielle de
tant de siècles d'oppression, ne devons-nous pas
veiller à ce qu'elle reste debout, formidable mais
inoffensive, image, non de l'asservissement passé,
mais de la féodalité vaincue et du peuple af-
franchi ?

Ne devons-nous pas la regarder, non avec un
sentiment d'orgueil, mais avec cependant, un
sentiment de fierté bien légitime ?

C'est pourquoi nous adressons un pressant
appel à la Municipalité, (1) au Syndicat d'initia-
tive des bords de la Creuse et de la Vallée-Noire,
au T. C. F. en les priant d'intervenir, chacun dans
la mesure de leurs moyens, afin de sauvegarder
ce qui reste de la Motte, en interdisant son exploitation comme carrière de sable, en faisant
combler les excavations, niveler les sillons creu-
sés par les eaux de ruissellement, et, enfin, en
faisant gazonner les pentes remises en état.

A. TOURATIER.

7 Décembre 1912.

---

(1) Le Conseil Municipal de Mers-sur-Indre, réuni en session
de février le 19 février 1913, a pris une délibération aux
termes de laquelle il est interdit de prendre du sable au
Tumulus. Nous l'en félicitons et remercions bien vivement.

www.ingramcontent.com/pod-product-compliance
Lightning Source LLC
LaVergne TN
LVHW021702170726
843501LV00007B/2660